어때요 이런 고요

어때요 이런 고요

시인수첩 시인선 088

조경선 시집

여우난골

| 시인의 말 |

멀리 있는
새의 이름 꺼내면
떠나간 사람 날아왔다

| 차례 |

시인의 말 · 5

1부 | 외로움이 밥이다

눈사람 · 15

회전문 · 16

졸고 있는 장화 · 18

연적 · 20

여기부터 시작입니다 · 21

삽의 근거 · 22

타면 탈수록 · 24

잔칫집 · 26

손 타는 것이 좋다 · 28

어때요 이런 고요 · 30

깨진 얼굴 · 31

풀 피 · 32

마른세수 · 33

새의 이름 꺼내면 · 34

외발로 선 우체통 · 35

2부 | 슬프지 않기로 해도 거리엔 비가 내렸다

빈 의자의 오래된 생각 · 39

비는 곧 도착합니다 · 40

귀 달린 전등 · 41

나에게는 손잡이가 너무 많다 · 42

프리사이즈 · 43

손빨래 · 44

웃음 기와 · 46

그늘의 얼굴 · 48

이런 가로등 · 49

밥 없는 날·50

온궁 가는 길·51

거푸집·52

앵무새 귀가·54

못질·55

깡통 철학·56

3부 | 하루를 어루만져도 버려짐만 가득했다

묵밥·61

버려진 시와 기쁜 담배 한 개비·62

음성으로 전화번호 찾기·64

뚜껑의 반란·65

질이라는 말·66

스티로폼 후생·68

그 남자의 쭈꾸미·69

낙과의 성질·70

아주 소박한 다짐 · 72

조사 뺐어? · 73

하루에 한마디 하는 여자 · 74

또렷한 간섭 · 76

국지성 호우특보 · 77

나에게도 착각은 필요합니다 · 78

책이 얼겠다 · 79

4부 | 표정까지 갉아먹은 낱장이 된 노랫말

종이칼 · 83

거울의 질문 · 84

우리들의 허용량 · 86

현재라는 공감 · 88

자릿값 · 89

기억을 걱정했다 · 90

흔들리는 똥 · 92

내일의 운세 · 93

시래기 · 94

삶은 달걀 · 95

새들로 꽃들로 · 96

나와 언덕은 자꾸 눈사람을 만들었다 · 97

화(火)끈 · 98

불가사의한 불가사리 · 99

참싸리 · 100

5부 | 여기부터 시작입니다

붓 · 103

웃으며 쓰러진 장승 · 104

물씬 · 105

볼 수 없는 꽃 · 106

흙, 흑흑 · 107

물과 얼음 사이 · 108

찔레꽃·109

쉬었다 하시지요·110

버려진 쓰레기통·111

시침들·112

대패질하는 여자·114

물꼬는 트고 오셨나요·115

양은 냄비와 콩나물국·116

수건의 감정·118

뒷짐·119

해설 | 김주원(문학평론가)
마음의 고요함으로 가는 길·121

1부

외로움이 밥이다

눈사람

한 번쯤 사람으로
살았으면
됐지 뭐

한 번쯤 눈에 띄는 곳
서봤으면
됐지 뭐

한 번쯤 자리 지키다가
녹았으면
됐지 뭐

회전문

조심스러운 네 앞에서
매번 주춤거렸다

안쪽과 바깥쪽은
뒤꿈치가 우글거렸고

분명히 열려 있는데 닫혀 있는 이승처럼

돌고 도는 미래는
잡아 봐도 미끄러져

수많은 발자국이
쉴 새 없이 돋아났다

투명을 앞에 놓고서 쩔쩔매는 종종걸음

네 중심은 확고한데
나는 자꾸 튕겨 나가

발 빠른 아침이
우리를 잡아둘 때

다시는 되돌릴 수 없는 방식이 무서웠다

졸고 있는 장화

논이랑에 홀로 서 있는
흙투성이 장화 한 켤레

묵묵한 생김새로 제 물길 통째로 품어
발목이 힘겨웠는지 비스듬히 졸고 있다

바깥을 조일 일도
안쪽을 풀 일도

끈 하나 없다는 건
잡을 일도 없다는 것

자신을 버려둔 만큼 그 속이 넉넉하다

구겨지기 싫어서
부드러운 저 세월

당신 이름 꺼내면 만질수록 깊고 깊어

내 마음 한참을 서서 당신처럼 머무른다

연적

들어오는 길 있으면
나오는 길 있습니다

작지만 그 안에 큰 뜻을 채워 넣고
내 곁을 지키고 앉아 열리고 닫힙니다

숨구멍 손 뗄 때마다
쏟아내는 울음들

한 번 품은 생각은 물결 따라 퍼져나가
갇혔던 감정을 풀어 몸 낮춰 번집니다

천년을 걸어온 말
물방울로 읽어내도

그 속을 알 수 없어 몇 번을 기울이면서
제 속을 비워냅니다 하루 받쳐 공손하게

여기부터 시작입니다

쌓인 게 너무 많아 찾아간 어느 암자
깨끗한 아침을 노스님은 또 쓸고 있다
큰 원을 그려가면서
따라가는 발자국

그것이 길이었을 때 울음마저 사라져
깡마른 뒷모습 빗자루처럼 꼿꼿한데
나는 더 무거워졌다
바람도 멈춰 있다

고요마저 쓸린 자리 쉬시지요 물었더니
지금이 끝이 아니라 여기부터 시작입니다
누군가 버리고 간 말
아직도 남아 있다고

삽의 근거

대부분의 삽들은 걸려 있거나 세워진다
하루에도 몇 번씩 허리를 잡는 사이

내 속을 밀고 들어와
꽂혀 있는 아버지

날마다 날이 닿아 부드러워질 때는
물싸움하는 두렁 한쪽 숨이 열리고

터놓은 오늘을 따라
멀리 돌아 나온다

녹슨 대문 옆에는 꼿꼿한 당신 눈빛
집 안에 한두 개씩 우두커니 가보되어

서 있는 오래된 소리
내 마음 파고든다

쉽게 닳지 않는 시간 깊숙이 한 삽 뜨면
견고한 작은 터전 손에서 손이 전해

굳은살 단단할수록
풀어지는 한 사람

까마득한 한 발로 언제까지 서 있나
날카로운 근거들이 살아서 변해 갈 때

사나운 가장자리는
뼈대를 지켜본다

타면 탈수록

장맛비 그친 후
의자 위에 너를 피운다

재래식이 되어버린 동그란 모기향

한 자리 떠나지 않고
자신을 태운다

눈앞에 타들어 가는
일몰의 환각일까

아찔한 향기가 내 몸을 돌아 나간다

서서히 그을린 흔적
낮과 밤을 갈아탄다

돌아온 먼 길은
타면 탈수록 제자리

재가 된 몸이 뒤틀려 의자에 있는 나처럼

바닥에 떨어진 너는
고스란히 나를 닮았다

잔칫집

남은 음식 버렸는데 잔칫집이 되었다
부르지 않았는데 새들이 손님이다

저마다
산동네 소식
오늘만큼 분주하다

잘 차린 집밥이 새들도 그리웠는지
마당 안쪽 파낸 자리 둥글게 모여 앉아

제각기
안부를 물을 때
슬픔마저 정갈하다

새끼를 거느리는 마음이 바빠진다
음식을 먹다 말고 연신 물고 나른다

발자국

산 자와 죽은 자가 한 겹씩 옷을 벗는다

맨 처음 손을 탄 목문이
경첩을 슬쩍 당긴다

어때요 이런 고요

외딴집에 홀로 앉아
아궁이에 불을 넣는다
낯익은 발자국보다 먼 소리가 먼저 들려
일몰은 남아 있는데
고요만 타들어 간다

어제 떠난 발자국
퉁퉁 불어 커질 때
저녁을 훔쳐보는 유일한 산 고양이
눈빛은 노을을 따라
조금씩 움직인다

쓸쓸한 곳 들춰 보면
불씨들 살아날까
녹이는 곱은 손은 그 자리에 우두커니
서 있는 눈사람처럼
어때요 이런 고요

깨진 얼굴

빗줄기에 움푹 파여
고여 있는 내 모습

둥글게 거울이 되어 햇볕을 붙잡고 있다

가만히 들여다봐도
내 얼굴 닦을 수 없어

살아온 발자국에
오늘이 흐트러진다

가라앉은 시간들 오랫동안 바라볼 때

얼굴은 깨져 있는데
그대로인 흙 거울

풀 피

손으로 풀을 뽑는데 뿌리는 더 힘을 준다
손아귀에 잡힌 채 풀이 할 수 있는 건

제 몸을 끊어내는 일
그들만의 생존 방법

사람들은 그럴 때 풀물이 들었다 하고
풀들은 온몸을 던져 피를 봤다고 한다

서로는 사는 게 달라
너는 풀 피 나는 풀물

숲이라고 읽어내면 그날들 눈물이 될까
쓰라린 진액의 하루 베어낸 땀의 하루

한 움큼 피를 보면서
손을 씻는 우리들

마른세수

나는 곧잘 마른 손으로 피곤을 닦는다

미끄러지는 아침은 마른 날이 너무 많아

갈라져 뒤섞인 오늘 후회를 떨어낸다

위아래로 반복해 어제를 씻어내도

저절로 숙인 시간 자꾸만 무거워져

따뜻한 손바닥 위에 견고해진 생각들

일그러진 표정은 지워지지 않아서

맨손에 붙어 있는 걱정을 털어낼 때

손금은 물처럼 흘러 아득해진 내 얼굴

새의 이름 꺼내면

잊고 지낸 작은 새 이른 봄을 쪼아댄다

먹이 주는 새한테 매달리는 봄의 행방

그림자 기다리는데 기별은 녹지 않는다

내 몸 안에 찬 구름 쉬었다 떠나갈 때

멀리 있는 새 꺼내면 떠난 사람 날아와

서로를 위로하면서 아득한 곳에 닿는다

새들이 안 보여도 먹이는 없어지고

한 움큼의 웃음은 날개만큼 가벼워져

어느새 겨울을 떠나 새의 이름 찾는다

외발로 선 우체통

주말이면 내려오는 산등성이 농가주택
열지 않는 우체통에
소리가 바빠졌다
소식은
멀어질수록 비밀을 낳는 걸까

제일 먼저 찾아온 아침이 붉어지면
외발로 선 작은 집
봄단장이 위태롭다
이름을
부르지 않아도 돌아오는 활자들

나를 쫓는 고지서가
바닥에 떨어질 때
무거워진 통 속에서 어미가 빠져나간다
맨 처음
내가 그랬듯이 둥지를 짓고 있다

2부

슬프지 않기로 해도 거리엔 비가 내렸다

빈 의자의 오래된 생각

떠나간 발자국보다 돌아오는 발자국에
팔다리가 자라는 우거진 산그늘 밑

수없이 돌고 돌아도
길을 잃지 않는다

한 곳에서 봐야 하는 오래된 생각들
흔들리는 얼굴을 남김없이 끌어안아

한 번쯤 바람을 꺼내 와
무릎 세운 정거장

생각을 덜어내 다짐을 앉힐 때마다
무거움 옆에 두고 발자국은 떠난다

말라간 그림자 위해
우리는 남는 것이다

비는 곧 도착합니다

오늘 도착한 빗줄기는 오래전 버린 하루

그 사람 떠나보낸 뒤 잊고 지낸 웃음들

빗줄기 다가오는데 발걸음은 느려졌다

바람을 안아야지 울음을 버려야지

젖지 않은 미래가 구름으로 부서져

돌아볼 겨를도 없이 그 얼굴 떠오른다

다가온 빗줄기에 내가 무거워질 때까지

끝없이 흩뿌려져 온몸으로 고인다

우기가 깊어질수록 돌아가지 않는 너

귀 달린 전등

소리로 불을 켜서 발걸음마저 끊어진 집

내 목소리 알아차리고 밝혀주는 늦은 밤

가끔은 어둠이 싫어 큰 목소리 가져보면

허공에 부딪히는 그림자까지 밝아진다

정적은 정적끼리 서로를 품을수록

혼잣말 점점 작아져 바깥은 어두워지고

소리 없이 혼자서 전등보다 먼저 뜬 별

꺼지지 않는 창문 앞에 저 홀로 반짝인다

방 안에 흩어진 말들 내 소리로 나를 끈다

나에게는 손잡이가 너무 많다

쓰지도 않으면서 못 버린 손잡이들
잡으려는 것보다 잡은 것 놓지 않아
모두 다 나인 것처럼 철모르게 너를 당긴다

너를 여는 방법은 오로지 나뿐인데
비를 맞은 쇳소리 또 집착에 빠질까 봐
진하게 녹물 들도록 오랫동안 기다린다

깎아내고
뽑아내고
끊어내고
풀어내도

아직도 씻지 못한 쇳물은 깊이 들어
잠깐씩 흘려보내던 녹슨 애정 잡는다

프리사이즈

시장에 펼쳐 놓은 장갑과 양말 뭉치
시끄러운 손과 발 말없이 묶여 있어

구멍 난 사람들마다
무릎을 조아린다

크기는 같아도 사용처는 모두 달라
손발 끝에 힘을 모아 나를 지킨 시간들

그 몸은 흉터였으므로
아픔만큼 쌓여 있다

뒤꿈치 달아나고 손끝이 꺾어지면
손과 발 벗어 놓고 새롭게 구입한다

딱 맞는 우리 앞에서
너는 항상 프리사이즈

손빨래

모아뒀던 양말을
손으로 빠는 날 있다

멀쩡한 세탁기 두고
왜 손으로 빠는지

헹궈도
다시 헹궈도
남아 있는 발자국

얼룩진 발목에서
새벽이 빠져나간다

흠뻑 젖은 내 앞을
꾹 쥐고 짜내면

맞잡은
손과 손 사이

그리움만 뒤틀린다

지친 날 털어놓아
널려 있는 하루가

다 똑같은 얼굴로
맨발의 나를 볼 때

혼자서
지켜온 걸음
늦도록 말라간다

웃음 기와

외딴집에 가져온 버려진 기와 몇 장

말 없는 입 높이에
눈썹처럼 잘라서

웃음을 붙여 놓았다
침묵을 메우려고

오다가다 마주치면 걸음만큼 웃는다

고요가 사는 곳에
발자국만 남아 있어

한 번쯤 웃어보려고
벽에 박은 웃음 기와

내 걸음이 닿은 그곳 절정으로 둥그러져

한쪽으로 쏠릴 때
들리는 어떤 소리

대답은 허공에 걸려
빈집이 웃고 있다

그늘의 얼굴

그는 늘, 선을 긋고 빛의 두께로 살아간다

소리 없이 밝아질 때 나타나는 그 얼굴

그 한 몸 굵어져 가며 나무를 세다가

바닥만을 등에 업고 어두워진 이름들

단 한 번의 반항 없이 꼭 그만큼 닮아가

제 색깔 변할 줄 몰라 속속들이 고요하다

궂은 자리 싫어해도 마다 않고 따라온다

나무와 나무 사이 바람이 지나가면

번번이 어깨 늘리며 무게까지 안고 간다

이런 가로등

기다리는 것이다
별들의 세계 밑에서

살아 있는 순간까지
큰 눈을 뜨고서

철저히 제 빛이 바래도록
서 있는 것이다

저 아래 누구 없는데
마중 나온 사랑처럼

기다리는 것이다
내가 닿은 거리까지

내일이 도착하기 전
걸음을 밝혀둔 채

밥 없는 날

밥통엔 밥이 없고 오늘만 가득하다
씹혔던 일터의 하루 비워내고 돌아오면
캄캄한 외딴집에는 고요마저 설익는다

혼자 먹는 저녁은 돌처럼 입에 걸려
몇 번을 헹궈내도 뱉어지지 않는 독(獨)
풀어진 별빛 몇 개가 어둠을 씻어낸다

빠져드는 잠 속에 뜸이 드는 늦은 밤
적막을 나눠 먹는 뒤척이는 달과 함께
밤과 밥 하얗게 섞어 꾸역꾸역 넘긴다

온궁 가는 길

온궁으로 가는 길은 하나로 표시되어
넘치든 특별하든 소중하고 간절해서

저마다 오직이라는 말
어렵고도 힘들다

한쪽으로 쏠린 것은 돌아보니 1등뿐
거꾸로 본 온! 세상 여전히 궁! 해서

멈추어 나가려 해도
어디서든 온궁 하다

얼음이 되어버려 미끄러진 고갯길
흩뿌려진 모래 알갱이 발끝에 차일 때

뼈아픈 시간을 찾아
나의 궁을 꺼내본다

거푸집

집을 위한 집이 되어 달라붙은 테두리

단단히 집을 안고
얼마나 어루만졌을까

받아낸 수많은 못질 붙들고 운다 해도

내 것이 된 적 없는 나를 닮은 얼굴로

단 한 번의 오차도
허락하지 않는다

희생의 사각 프레임 흩어지는 모서리

끈질기게 다시 세워도 당신 집 갖지 못해

굳을 때까지 버티는
몸에 박힌 자국들

그 또한 내 일이라고 팽개쳐진 언더그라운드

앵무새 귀가

앵무새 나라에서 이 한 몸은 자격 미달

따라 하는 오늘과 할 말 하는 내일은

입 모양 틀에 박힌 채 제자리를 지킨다

쓰다듬을 반복하는 물기 없는 목소리

오직만을 쪼아대는 내가 배운 어른처럼

말대답 윤기가 흘러 먹이로 올려놓는다

앵무새 나라에서 돈을 물고 돌아와

꺼진 배를 움켜쥐면 좋아하는 목소리

방 안을 날아다닌다 떠다니는 말을 물고

못질

처마부터 시작되는 판재의 못자리
껍질이 거친 것은 속이 곱기 때문일까
지붕의 물매를 따라
성좌처럼 박혀 있다

한눈팔아 튕겨 나간 비틀린 말들은
어느 쪽도
지우지 못한
움푹 팬 그 자리
힘겹게 다리를 뻗어 슬픔 하나 꽂아둔다

쪼그려 앉아서 굽은 숨을 쉴 때마다
한 곳만 파고드는 꼿꼿한 절정은
뾰족해 놓친 발걸음
된소리에 머리를 묻고

깡통 철학

비워야 한다면
나는 더 비워야 한다

더는 담을 것도 꺼낼 것도 없는 시간
몇 그램 가벼운 무게
이름만 멀쩡하다

잠깐의 손끝에서
구겨져 버려지는

둥글다는 이유 하나로 안에서 길 밖으로
힘내자 재생의 그날
목소리는 쩌렁쩌렁

길섶이나 모퉁이나
미간을 찡그려도
빛나는 테두리는 아직도 그대로다

제 몸쯤 꾹꾹 눌러서
세상일 펴진다면

3부

하루를 어루만져도 버려짐만 가득했다

묵밥

먹을 때라도 시원하게 더위 식혀 먹자던

묵밥 집 간판이 거꾸로 매달려 있다

묵묵히 한 그릇 말아 모여든 밥그릇들

때를 놓친 사람들 한여름을 깁고 있을 때

청문회 화면 속에 잘 알려진 밥그릇 뜬다

누릴 것 다 누리고 산 이름 위에 밥 한 그릇

후루룩 챙긴 묵밥 돌아서면 꺼지는데

뒤집힌 짧은 희망이 내뿜는 글자처럼

묵 자가 놈으로 읽혀 우리 앞에 서 있다

버려진 시와 기쁜 담배 한 개비

두려울 때 담배가
도움 된다는 사람과

시집을 사기 위해
담배를 끊는 사람

이것이 슬픈 일인지 슬프게 기쁜 일인지

다 태운 담배 한 갑과
쓰레기통에 남는 시

하루에 담배 한 갑
이틀이면 시집 한 권

시집이 값싼 것인지 담배가 비싼 건지

날마다 그 자리에서
흡연은 관대해졌다

버려진 순간의 시와
기쁜 담배 한 개비

그래도 끊지 못한 시 연거푸 뿜어낸다

음성으로 전화번호 찾기

홈 버튼을 누르고 누군가를 터치해요
아무나 불러보세요 기억 못한 이름을
마지막
뻣뻣한 말이
뒤엉켜 타인이 돼요

비슷한 성대를 아는 척하는 기계는
어린 삼촌을 부르는데 아버지를 데려와요
진즉에
꺼낼 수 없는
가장 슬픈 당신이에요

새소리 들려주면 잊은 친구 날아올까요
목구멍에서 망설이다 사라지는 실패들
어느 날
목소리까지
갉아먹는 알파고

뚜껑의 반란

비틀리고 물어뜯겨 일회용이 되었다

누구를 연다는 건 안과 밖의 소통인데

저마다 이를 악물고 단맛을 찾는다

매 순간 밖을 닫아 눈물이 많은 나는

안간힘을 다해도 대개는 풀리고 말아

하루를 어루만져도 버려짐만 가득했다

어떤 허락도 없이 낯선 손이 닿을 때

열리기 위해서라면 온몸을 조이고 푼다

뜻밖의 승부를 걸다가 거품 물고 폭발한다

질이라는 말

명사 뒤에 뜻을 더하여 명사를 만든다는

국회의원 질 변호사 질 이유 모르게 어색한데

아버지 삽질 낫질은 너무나 어울렸을

노목수가 놓지 못한 끌질과 대패질

연장 냄새 물씬 풍긴 단단한 질들이 모여

이리도 잘 어울릴까 많은 날을 꾸렸을

완벽하지 못해서 맛깔나게 붙였는지

쇳덩이처럼 투박해 예리함을 매달았는지

어느 곳 질이라는 말 허투루 생겼을

도둑질만 빼고서 다 해봤다는 밥집 할매

거친 말투가 일터에 맛있게 가라앉는지

아무렴 곳곳에 배여 지독히 질펀했을

스티로폼 후생

사라져야 산다는 말에 최대한 가벼워진다

손자국에 패이고 바람에 밀려날 때

하얗게 뼈를 드러내도 끝까지 버텨낸다

여기저기 긁혀서 흩어지는 속울음

금 갈 바에야 깨지는 오늘의 불안 앞에

후생의 알갱이들은 뭉쳐지지 않는다

나쁘다는 낙인으로 몰아붙인 미래들

바스락대는 제자리 소리조차 물렁해져

아직은 살아있는데 날마다 죽어가는

그 남자의 쭈꾸미

 고갯길을 내려오다 슬쩍 본 음식점 간판, 그 남자의 쭈꾸미가 그 남자의 쪼꼬미로 읽혀서 브레이크 밟고 그 앞을 지나는데

 흐물흐물 쓴웃음에 맥없이 다리가 풀려 핸들을 꼭 잡고 앞만 보는 그 남자 또 한 번 발끝을 모아 꾹꾹 누른 내리막

 혼자서 돌아가는 길 문득문득 쪼그맣고 반쯤 열린 문으로 막 태어난 서쪽 빛이 어깨에 쓸쓸히 닿아 휜 쪽으로 휘어진다

낙과의 성질

튼튼한 모과에서
마른 냄새가 난다

버려진 바닥에는
아무도 가지 않아

그 자리 어떤 색인지
모르게 썩어간 날

색 바랜 시간 속을
수없이 두드려도

울퉁불퉁 모가 나서
과실(過失)이 되었는지

통째로 메말라 가다
소리로 흔들린 날

과일과 우리 사이
노랗게 물들일 때

껍질을 열지 않아
냄새로 흩뿌려져

돌아선 잘못 위에서
쿵 하고 떨어진 날

아주 소박한 다짐

백 년 된 국밥집
벽에 걸린 문구 하나

구십구 세 이상만
흡연이 가능함

나는 꼭
이 집에 와서
담배를 피워야겠다

조사 뺐어?

조사를 넣었더니 당장 **빼**라는 甲질 씨
이 사람 저 사람을 깔끔하게 해고하란다

묵묵히 뒤 받쳐주는
절실마저 바꾸라고

입으로만 되뇌는 주어의 문장 앞에
늘 교정하는 생각은 내 안에서 울었다

그래도 살아야겠다면
참말을 끌어들여

나 모르게 잘려 나간 오늘乙, 쓸쓸함乙
함부로 넣을 때 뺄 때 뼛속 깊이 애썼을까

그 자리 나도 있었다
토씨마저 빼버리는

하루에 한마디 하는 여자

나무와 나무 사이 한여름의 입덧처럼

입맛을 잃어버려 혼잣말이 오고 간다

스스로 익어간 소리는

마당 가득 풀만 키운다

하루에 한마디 듣는 새들도 날아간다

힘에 부쳐 멀리 떠난 한마디 탄식에

울음을 열어젖히면

그 소리 틈이 들지

부엌에 홀로 앉아 한마디 하는 여자

밥을 저어주세요 전기밥솥 그녀의 말

오늘 중 유일하게 들리는

처음이자 마지막 말

또렷한 간섭

휴게소 화장실을 T맵을 켠 채 가는데

걸음을 옮길 때마다 경로를 벗어났다고 내 안을 꿰뚫어 보듯 유턴을 하라 한다
언제부터 눈은 듣고 귀로 보는 운전석 눈이 기억하는 언덕 목소리가 앞을 본다
수시로 겁을 주면서 자기 말만 들으라고 오로지 앞을 향해 재촉하는 또렷한 말
생면부지 맨땅도 거뜬히 찾아낸다

말의 끝 어디에서도
봄볕 하나 읽지 못하고

국지성 호우특보

끈질긴 가뭄에 뛰어다니는 귀들은
억새밭을 헤치고 소나무를 지나간다
비보다 먼저 간 바람 언제나 후회가 없다

한쪽 귀는 듣는데 한쪽 귀가 차갑다
나무와 나무 사이는 반전을 기다리지만
밑동에 가라앉은 말만 지상에 스며든다

점심을 놓친 새들은 사람처럼 극렬한데
특보는 소나기로 싱겁게 부서지고
온종일 앞만 바라보는 간절한 귀 늙어간다

나에게도 착각은 필요합니다

오래전부터 다니던 단골집 수(壽) 미용실
젊은 사람 하나 없고 할머니들 앉아서

저마다 각박한 세상
머리에 올려놓는다

처녀로 지금까지 살고 있는 원장 할머니
언제부터 금 간 거울에 꽃을 접어 붙여 놓고

때로는 피어나지요
단 한 번의 젊음이

속속들이 알고 있는 머리칼을 자를 때
거울에 비친 내 모습 귀밑이 서늘하다

착각은 필요하지요
늙는 줄도 모르고

책이 얼겠다

J 시인이 남기고 간 오래된 계간지들

어둠에 책이 얼겠다 펼쳐 보면 녹을까

글자는 손길이 끊겨 서리처럼 부서진다

어제는 새파란 얼굴 오늘은 늙은 시인

철 지난 목차는 이름부터 골라 읽고

또렷한 은유 몇 마디 아직도 따뜻하다

뜯겨나간 젖은 말 한파는 파고들어

표정까지 갉아먹은 낱장이 된 노랫말

빛바랜 작은 언어들 씨앗 되어 박혀 있다

4부

표정까지 갉아먹은 낱장이 된 노랫말

종이칼

한 줄의 문장이 비수 되어 돌아왔는가

책을 정리하다가 손가락을 베었다

그동안 펼치지 않아 아직도 시퍼렇다

날들은 더 차갑게 층층이 쌓여가고

유일한 해결책은 또다시 상처 나는 것

활자는 조용했으나 나를 덮칠 것 같았다

손가락에 묻은 실금 예리하게 퍼져도

아릿하게 참아내느라 순해지는 봄처럼

종이칼 나에게 와서 온몸이 공손해졌다

거울의 질문

생각까지 잡아내는 꼼꼼한 소유자
차갑고 정갈한 몸 다가갈수록 부드럽다

그 많은
사연과 표정 줄줄이 지워가면서

따갑게 쏘아대는 빛 그대로 돌려준다
벽을 등지고 서서 울퉁불퉁한 벽을 안고

힘겨워
뒤돌아서는 등의 감정 덮는다

우리가 보지 못한 티끌마저 찾아내느라
익숙한 바람을 훔쳐보지 못하고

몰려든
소문을 닦아 진실을 받아낸다

이유 모를 고백이 흘러 자국으로 남은 얼굴
얇을 대로 얇아져 더 이상 야윌 수 없다

대답은
금이 간 채로 어둠만을 눈여겨본다

우리들의 허용량

이미 계속 넘어섰다
쉬지 않고 넘친다

거품을 문 목표는 우리에게 녹아들어

넘쳐난 허용주의보 권장량만 들떠 있다

둥글게 살았더니
지구는 네모로 크고

풀들을 깎아내면 밤마다 밤이 자라

충혈된 기준의 함정 착각으로 몰려온다

물 폭탄 세금 폭탄
묻지 마 미사일 폭탄

우리는 악착같이 마지막을 예고한다

이제껏 부족한 물량 업로드로 부추기며

현재라는 공감

13월을 1월이라 생각해 본 적 있다

한해의 꼬리가 길게 남아 누구에게도 보이고 싶지 않다 시들은 꽃처럼 수많은 공감이 말라 있을 때 자주 들여다본 거울은 나였다 뒤로 미룬 흔적들이 곳곳에 머물러 겁먹은 1월은 무섭고 설레고, 용서받지 못한 계절은 13월을 만들어 그 어떤 면죄부에 내 얼굴은 감출 수 없다 새로운 풍경은 늘 아름다웠지만 소원들과 자랑들로 가득 찼다 자해일 줄 알면서 고개 숙인 현재의 나는 독주를 마셨고 다시 쓰는 하루는 늘어만 갔다 보이지 않는 곳에서 오는 길은 더 시려 눈 위에 눈이 쌓이는 지난밤을 뒤적였다 반복되는 칼바람에 허름한 지붕을 걱정하면 걱정이 쌓일수록 거짓말도 쌓여갔다 어제는 오늘 같은데 바뀌지 않는 오늘

새로운 나는 무거워 13월이 길어졌다

자릿값

발밑은 개미들로
머리는 새똥으로

나무 밑의 임자들이 진을 치고 머물 때

그 옆을 서성이다가
수심(樹心)이 깊어진다

나무도 내가 심고
의자도 만들었는데

나무 밑에 앉지 마라 그늘 값을 내라 한다

자리를 옮길 때마다
더위 값을 치른다

기억을 걱정했다

무엇이 되기 위해 매일매일 밥을 먹는다
그래도 배가 고프고 생각은 말라 있어
이제껏 기억을 걱정했다
버리고 간 발자국까지

표본이 된 모두에게 번갈아 미끄러져
우리와 당신들은 소문만 열거되어
수많은 순위를 걱정했다
나를 향해 가는 곳마다

시간보다 먼저 온 지금의 어둠은
미래를 끊임없이 내 넓이로 뒤적인다
골목은 돌아온 밤에
차가운 꿈 끌고 있다

기억나지 않는 숲은 그때마다 멀어진다
뒷걸음질로 찾아간 나무는 커져 있는데
높은 곳 소망했어도

배고픈 밥 먹는다

흔들리는 똥

되돌아가는 발소리를 새들은 알고 있을까

인적 드문 절집 문살이 작은 소리 잡아당기면

스스로 울지 못하는 풍경이 새를 부른다

그곳에 먹이 물고 참새 한 마리 앉아 있다

가만히 다가가 보니 구멍 뚫린 처마 속에

새끼가 아우성치며 머리를 일으킨다

어미가 흘려 놓은 새똥이 흔들린다

지치는 발걸음에 실례를 한 것이다

바람에 너그러운 풍경 뒤처리까지 받아낸다

내일의 운세

낫으로 풀을 깎다가 내일을 던져 보았다

몇 번을 던져도 옆으로 쓰러진다

온종일 꽂히지 않아 불안은 날이 선다

한 번은 돌에 맞아 쇳소리로 튕겨 나가고

또 한 번은 풀숲에 빠져 횡재수가 사라진다

힘주어 다시 올리면 내 손이 떨어졌다

한 손이 모자라 두 손으로 올린 오늘

빙그르 돌 때마다 풀 냄새만 풍긴다

무뎌진 내일의 운세 땀으로 범벅이다

시래기

무엇을 잘못했기에
거꾸로
매달려 있나

처마 밑에 목이 잘려
사무침이든
죗값이든

그 가슴 바싹 마른 이파리
죽고서야
살아나네

삶은 달걀

일찍이 어머니 같은
고요의 집합체

작은 몸 끝까지
생명을 말아 쥐고

갈라진 소리를 품어
얇은 삶을 붙든다

허기져도 성급하게
한입에 넣지 않는다

몸은 몸, 어디 하나
모난 곳 없는 너는

저절로 물렁해지는
모든 이의 살점들

새들로 꽃들로*

부르지도 않았는데
새들은 찾아오고

뿌리지도 않았는데
텅 빈 집에 올라온 꽃

날마다 꽉 차 있었다
새들로 꽃들로

---

* 안성시 금광면 삼흥리에 있는 외딴집 신 주소.

나와 언덕은 자꾸 눈사람을 만들었다

아무도 없는 곳에 자꾸 눈을 치웁니다
한 몸이 된 눈과 언덕 그림자로 쓸려 가면

누군가 부를 것 같아
먼 데를 바라봅니다

발목이 짧아지는 동안 겨울은 길어져
두 발을 지우고 눈사람을 만듭니다

얼굴을 크게 만들면
언덕 너머 내가 보일까

뒤돌아보지 않을수록 그리움은 아픈데
뒷모습만 기억하고 찾아오지 않는 길

눈사람 나와 닮아서
눈 맞추고 서 있습니다

화(火)끈

외딴집 아궁이 앞 불 지피는 한 여자
불길에 끈이 있는지 무릎을 당기는데
남자는 들어오지 않고 불이 먼저 들어온다

멀리서 꿈을 꾸면 화끈은 다가올까
가까이 다가갈수록 그을음만 엉겨 붙어
나직이 내뱉은 한숨 발목 위에 앉는다

불[火]행 속으로 끌려간 한 덩이 외로움
너무 빨리 식어가는 초저녁을 삼킨다
살아도 끝나는 관계 불씨만 남는다

불가사의한 불가사리

지금, 불가사의한
죽음을 맛본 불가사리
사람들 마음속 공공의 적이 되었다
온몸을 질질 끌면서 살아나는 불가사의

무엇을 잘못 했는지
마지막까지 부서져
붉게 물든 재생*으로 바닥에 흩어지면
지금껏 별스럽게 살다 한 움큼 별이 된다

* 염화칼슘 대체제로 사용.

참싸리

오래전 만들어놓은
싸리나무 빗자루

아버지 몸짓만큼 줄어서 누워 있다

싸리꽃 흔들릴 때마다
돌아보는 그 자리

거칠고 빳빳하던
고집은 닳고 닳아

꼭꼭 동여맨 기억이 나를 휘젓는다

한 다발 싸리꽃 피면
당신을 쓸어 담는

5부

여기부터 시작입니다

붓

속 검게 탄 시간과 다시 태어난 종이 사이
몇 번을 휘어져도 가볍지는 않습니다

제 몸을 조심스럽게
한곳으로 모아봅니다

여러 갈래로 흩어진 날 가지런히 쓸어내면
닿지 않은 듯 닿아 있는 당신이 번집니다

끝없이 부드럽지만
때로는 매서워져

구부러진 등줄기를 삼키고 허물어
시커멓게 흥해진 우리를 품습니다

당신을 세워둡니다
쳐다만 봐도 좋은 자리

웃으며 쓰러진 장승

마을 입구에 쓰러져 썩어가는 나무 장승
몸은 문드러졌는데 웃음은 그대로다
가까이 지켜봐 왔을
얼굴들을 부르며

입 안 가득 품고 있는 아버지의 침묵과
다시 돌아갈 수 없는 노인들의 우거진 말씀
적막한 벽을 등지고
입심이 휘어진다

끝끝내 웃음 하나로 버텨온 그들처럼
부러진 팔다리로 세상을 껴안고
한동안 사람으로 산 나무
떠나지도 못한다

물씬

물씬 속 집을 짓고 살아본 적 있는가

물속에 발을 내린 뿌리 깊은 버들처럼

푸르게 두 발 담그고
물씬하게 살고 싶다

직립을 핑계 삼아 돌아오지 못한 날

한 발을 넣었다가 한 발마저 빼고 마는

어디든 닿지 않는 길
어쩌면 다시없을

볼 수 없는 꽃

거기는 꽃이 폈냐
여기는 꽃이 졌다

어머니 한참을 물어와 대답이 파래졌다

거기서 네가 피어야
여기도 꽃 피더라

흙, 흑흑

잘난 사람 못난 사람 너에게 향해 있다

흙을 짓다 흙에 묻히는 묘비명의 고백처럼

끝없이 올라가 봐도 너에게로 돌아간다

차가웠다 뜨거웠다 식었다 데워지는

어두운 바닥까지 다 받아내는 안식처

얼마나 무거웠을까 모든 이의 의식주

너를 넘어서려고 한복판에 대못을 박고

꽃 필 때나 새 울 때도 슬퍼하지 않았다

우리는 남은 날들을 자꾸만 파헤친다

물과 얼음 사이

홀로 남은 장화가 대문 앞에 얼어 있다
떠나간 얼굴들이 그 자리에 얼어붙어
갇힌 물과 얼음 사이
한 걸음도 옮길 수 없다

걸어 잠근 서로가 차갑고 차가워서
엄지발을 구부리고 걸어본 적 있었다
한 조각 어제가 박혀
아리고 가려웠다

긴 밤을 만질수록 부어오른 시간들
가까운 물과 얼음 타협을 모르고도
단단한 얼음 발자국
기다려야 풀어졌다

찔레꽃

너에게
다가가면
찔리는 거 다 아는데

순하게
얼굴 들고
곳곳을 유혹하는가

하얗게
속고 살면서
스멀스멀 빠져드는 나

쉬었다 하시지요

막일의 휴일은 담배로 시작하는지

불가능과 가능을 쉴 새 없이 뿜어낸다

연거푸 피워낸 푸념 흉터로 흘러나와

하루를 살기 위해 비 오는 날을 싫어했다

젖은 날이 무거워 나를 피해 다녔을까

쉬었다 시작하시지요 뱉어내는 사연들

뭘 해도 안 된다는 나이를 불러 놓고

어렴풋이 웃고 있는 가능을 태워본다

주변에 흩어져 있는 불가능이 자욱하다

버려진 쓰레기통

쓰레기통은 몰랐다 쓰레기가 될 줄은
가장 먼저 필요한데 구석으로 밀려나
내 앞에
떨어진 모습
모두 다 받아낸다

오늘을 지키는 일은 어제보다 무거워
무관심 받아내느라 모서리가 얼룩졌다
한자리
피하지 않아
마음까지 긁혔다

깨질 듯 쌓인 침묵 또다시 눌러놓고
어둠을 담아두면 이 몸은 온전할까
마음껏
텅 빈 얼굴로
살지 못한 내 이름

시침들

아픈 말 던져 놓고 시침 떼는 현장 감독

의자가 옆에 있어도 앉지 말라는 공사장

친절한 나이 따위는
좀처럼 묻지 않는다

하루를 팔아도 약값이 더 드는 날

초를 다퉈 살고 있는 우리들은 비매품

시침 후 나의 아침은
든든하지 못하다

초침 분침 겹칠 때 벗어 놓은 손 장갑

똑같은 운명이라고 손가락이 꺾이는데

있잖아 너무 참지 마
시간은 닳고 있잖아

대패질하는 여자

얇은 대팻밥은 깎여나간 속살이다
여자를 켤 때마다 벗겨지는 속울음
앙다문 입술에 묻어
옹이를 달랜다

모서리 둥글어진
걸음은 껍질로 남아
먼 곳에 두고 온 두께를 밀어내면
매끈한 소리 쪽으로
가냘픈 몸 세운다

밀고 당기는 힘겨루기 엇결을 만날 때
원망 섞인 목소리 굳은살로 맺힌다
그 안에 결 하나 결 둘
피어서도 다 못 볼

물꼬는 트고 오셨나요

풀리지 않은 어제
물꼬는 트고 오셨나요

물꼬라는 발음이 왜 이렇게 단단한지

오늘 밤 꿈속에서조차
오래도록 내린 뿌리

안 트면 넘쳐나고
너무 트면 마르고

지킬 것도 버릴 것도 적절한 거리 두고

식전에 삽 들고 나간
아버지를 트고 왔다

양은 냄비와 콩나물국

별다른 양념 없이
맛을 내는 국과 그릇

음식의 계보학이건
그릇의 가치이건

분명히 다르면서도 둘 사이가 닮았다

세상에 머리 내밀고
한쪽이 찌그러져도

비릿한 맛 익히느라
뚜껑은 조심스럽다

새벽을 뜨겁게 열어 어제를 맑게 푼다

외길로 자라나고
가난한 태생이지만

익을수록 오래될수록
잊지 못할 언어들

재빨리 제 몸을 끓여 시원하게 일어선다

수건의 감정

접힐 때마다 스며 있던 기억이 말라가요
풀리지 않는 미래는 늘어지기 시작해
가끔은 등 돌린 사람을
뙤약볕으로 불러내요

누군가 세탁기를 돌려주고 떠날 때처럼
구겨진 생존은 한곳에 뭉쳐 있지요
숨죽인 너의 모서리는
언제나 뭉툭했어요

어차피 둘이서 만드는 감정이라면
궂은 날 갠 날 상관없이 밤들은 쌓여가요
백만 번 내 얼굴 닿아
슬픔까지 닦아내요

뒷짐

숲길을 뒷짐 지고 오르는 아버지
그 이유를 알았을 때
내 나이가 그쯤이다

어느새
그 길을 따라
말없이 닮아간다

서리 걸친 봄빛들이 숲 앞에 머물면
오지 않은 발자국이
내 발자국에 쌓여

바라본
당신 뒷모습
짐을 벗은 그 자리

| 해설 |

마음의 고요함으로 가는 길

김주원(문학평론가)

 장자의 「달생(達生)」 편에는 악기를 거는 틀인 거(鐻)를 만드는 목수 이야기가 나온다. 귀신의 솜씨라고 일컬어지는 그의 기량에 사람들은 감탄했다. 노나라 군주가 그에게 비법을 묻자 그는 특별한 기술은 없다고 대답한다. 그는 자신에게 비결이 있다면 나무를 깎아 거(鐻)를 만들 때는 기(氣)를 소모시키는 일은 절대로 하지 않으며 며칠에 걸쳐 몸과 마음을 고요하게 하는 것이라고 말한다. 그러면 작품에 기대하는 보상과 칭찬, 비난과 같은 평가에 연연하지 않게 되고 외부적 요인이 완전히 없어져 전념할 수 있는 상태가 된다. 그런 후에야 그는 산으로 들어간다. 그리고 나무의 본래 성질을 살펴 가장 좋은 나무를 찾아낸다. 그는 나무에게서 완성된 거(鐻)를 본 후에야 작업을 시작한다고 한다. 목수는 자신의 작업을 하늘과 하늘이 합

하는 것이라고 말한다. 그는 그 나무 한 그루를 만나기 위해 자신의 생각과 마음을 비우고 오롯이 집중한다. 목수의 솜씨는 기술이나 지식이 아니라 마음의 고요에서 나온다. 귀신의 솜씨 같다는 그의 예술은 나무와 하나가 될 수 있을 정도로 마음을 완전히 비운 고요 속에서 태어난다.

이 이야기에는 예술에 관한 흥미로운 암시가 있다. 예술은 흔히 예술가 개인의 의도와 기량의 문제라고 생각하지만 오히려 그것을 내려놓은 자리, 다시 말해 개인의 의식을 초월한 자연스러운 상태에서 완성된다. 목수가 하는 일은 그저 몸과 마음을 고요하게 하는 것뿐이다. 최상의 나무를 찾기 위해 오랫동안 마음을 비우는 목수처럼 예술가는 마음을 어지럽히는 욕망과 기대, 두려움 같은 것들이 사라져야 비로소 자신의 작품을 알아볼 수 있다. 예술가는 자신의 의지대로 작품을 만드는 것이 아니라 마음의 고요 속에서 자연스럽게 자신의 예술과 만난다.

조경선의 시집에는 고요한 순간들이 있다. '어때요 이런 고요'라고 묻고 있는 듯한 시집 제목 때문만은 아니다. 진정 고요한 순간들은 '고요'라는 말 없이도 마음의 고요를 느낄 수 있게 하는 작품들이다.

    잊히는 목문(木門)에도
    안부가 묻었는지

사람들 손 높이에 얼룩이 모여 있다

고택의 무거움일까
과거를 붙잡는 걸까

바람을 잡느라
햇살에 닳고 닳은 문

손때는 앞을 몰라 끝과 시작을 삭일 때

흔적은 끌 손잡이와
망치 자루 추궁한다

나도 모르게 붙잡는
오래된 나무 기둥

산 자와 죽은 자가 한 겹씩 옷을 벗는다

맨 처음 손을 탄 목문이
경첩을 슬쩍 당긴다
　　　　　　　　　　　　　－「손 타는 것이 좋다」 전문

조경선의 시인의 직업은 목수다. 그의 시에는 언제나 나무가 있고 자연이 있다. 그것은 인간의 삶과 분리되지 않는다. 조경선 시의 화자는 사람의 손을 타며 나이를 먹은 오래된 목문(木門)을 보고 있다. 문은 시작과 끝을 동시에 가리킨다. 목문은 인간에게 친숙한 나무다. 누구나 이 문을 열고 집에 들어가고 또 나왔을 것이다. 화자는 목문의 손때에서 바람과 햇빛에 닳아버린 시간을 읽고 시작과 끝이 삭아 있음을 본다. 목문은 "나도 모르게 붙잡는/오래된 나무 기둥"이다. 손을 탄다는 것은 "산 자와 죽은 자가 한 겹씩 옷을 벗"고 만나는 것을 의미한다. 그것은 나무와 인간의 접촉이면서 시작도 끝도 없이 켜켜이 쌓인 시간과의 접촉이다. 목문이 슬쩍 경첩을 당긴다는 마지막 문장도 그 접촉과 연결의 의미를 강조한다. 목문은 공간을 연결할 뿐만 아니라 시간과 사람들 사이를 연결한다. 그런 의미에서 목문의 손때는 쇠퇴의 증거가 아니라 과거와 현재의 교감과 유대의 흔적이다. 시인은 잊히는 목문에서 말 없는 '안부'를 발견한다.

시인은 '손 타는 것이 좋다'고 말한다. 나무와 사람이 서로 친숙해져 겹쳐진 시간의 깊이가 거기에 있기 때문일 것이다. 이 시가 인상 깊은 것은 시인이 목수라서가 아니다. 「손 타는 것이 좋다」는 목수의 나무와 시인의 나무는 다르지 않다는 것을 보여준다. 예술가로서 그들은 나무를 기능이나 도구적 유용성에 가두지 않고 나무 너머의 보이지 않는 시간과 흔적을 읽어낸다. 시인은 자신도 모르게 오래된 나무 기둥을 만짐으로써 나무가 인간의 삶에 깊숙이 연결된 존재라는 것을 직감적으로 아는 존재이다.

> 아버지 삽질 낫질은 너무나 어울렸을
>
> 노목수가 놓지 못한 끌질과 대패질
>
> 연장 냄새 물씬 풍긴 단단한 질들이 모여
>
> 이리도 잘 어울릴까 많은 날을 꾸렸을
>
> 완벽하지 못해서 맛깔나게 붙였는지
> ─「질이라는 말」 부분

「질이라는 말」은 조경선 시의 예술론이자 인생론처럼 읽힌다. 이 시의 화자에게 예술은 특별하지 않다. 별난 재주나 기술의 문제가 아니라는 뜻이다. 아버지의 삽질 낫질은 노목수의 끌질과 대패질과 같다. 그들은 "연장 냄새 물씬" 풍길 만큼 오랜 시간 묵묵히 그 일을 반복했을 것이다. 그 "단단한 질들"이 "이리도 잘 어울릴까 많은 날을 꾸렸을" 것이다. '질'은 도구를 가지고 하는 일에 붙이는 접미사지만 이 시를 읽으면 꾸준하고 성실한 그 작은 일이 위대하다는 것을 알게 된다. 거기에는 자신을 내세우지 않는

묵묵한 마음의 고요함이 있다. 모든 삶과 예술의 밑바탕에는 '질'이라는 말이 숨어 있지 않을까. 그 자체로는 완벽하지 않아도 맛깔나게 붙여진 '질'이라는 말. 그렇게 아버지도 노목수도 연장과 하나가 되어 잘 어울려 사는 경지에 이르렀을 것이다. 삶과 예술은 통한다. 대상과 잘 어울려 많은 날을 꾸린다는 점에서 그 두 가지는 동일하다.

> 쌓인 게 너무 많아 찾아간 어느 암자
> 깨끗한 아침을 노스님은 또 쓸고 있다
> 큰 원을 그려가면서
> 따라가는 발자국
>
> 그것이 길이었을 때 울음마저 사라져
> 깡마른 뒷모습 빗자루처럼 꼿꼿한데
> 나는 더 무거워졌다
> 바람도 멈춰 있다
>
> 고요마저 쓸린 자리 쉬시지요 물었더니
> 지금이 끝이 아니라 여기부터 시작입니다
> 누군가 버리고 간 말
> 아직도 남아 있다고
> 　　　　　　　　　　－「여기부터 시작입니다」 전문

시인이 그리는 고요의 풍경은 노스님이 쓸고 있는 길에도 있다. 더 이상 쓸 것도 없는 깨끗한 아침인데 노스님은 '고요마저 쓸린 자리'를 또 쓸고 있다. 그 발자국이 만든 길을 보며 '나'는 더 무거워질 뿐이다. 노스님이 쓸고 있는 깨끗한 길과 쌓인 게 많아 무거운 '나'의 마음은 극명한 대비를 이루고 있다. 고요마저 쓸린 자리가 끝이 아니라 시작일 수 있다는 것, 누군가 버리고 간 말이 아직도 남아 있다는 '나'와 노스님의 대화는 마치 선문답을 보는 듯하다.

  조경선의 시적 화자에게 마음의 고요함은 중요하다. 다른 시에서도 그는 "비워야 한다면/나는 더 비워야 한다"(「깡통 철학」)고 말하고 있다. 고요함은 그에게 예술에 대한 헌신이자 예술가의 자기 성찰의 문제이다. 끝과 시작은 본래 분명하지 않고 마음 먹기에 달려 있지만 그의 무거운 마음은 고요마저 쓸린 자리를 끝이라고 생각한다. 그의 몸은 깨끗한 암자에 있지만 마음에는 아직 누군가 버리고 간 말을 담아두고 있다. '나'는 노스님이 쓸고 있는 길을 보며 깨끗이 비우지 못한 자신의 마음을 깨닫고 있다. 끝이라는 생각에 구애받지 않는 마음의 고요함은 그가 있는 "여기부터 시작"될 것이다.

  이번 시집에서 눈에 띄는 것은 시의 공간이다. 조경선 시의 화자는 도시가 아니라 외딴집에 살고 있다. 그의 시는 암자와 시골, 장승이 있는 마을 입구, 마당과 고갯길,

억새밭을 비춘다. 그에게 자연은 도시인의 유흥으로 변질된 자연이 아니라 생활의 공간이자 생태적 삶이 보존되는 곳이다. 조경선의 시가 제시하는 자연의 풍경은 도시적 삶에서 멀어지고 망실된 것으로 과거의 기억과 향수를 불러일으킨다. 외딴집에 홀로 앉아 아궁이에 불을 넣으며 말하는 '고요'(「어때요 이런 고요」)는 시골살이의 유유자적뿐 아니라 문명과 거리를 둔 자발적 고독의 표현이다. 그러나 이러한 태도는 자연에 관한 익숙한 관념을 반복한다는 인상을 주는 것이 사실이다. 그의 시가 보여주는 자연친화적 성격은 현실과 유리된 목가적 취향으로 오해되기 쉽다. 외딴집에서의 한갓진 생활이 새로운 삶의 비전보다는 과거에 대한 향수, 슬픔, 외로움 등의 정서와 쉽게 결합함으로써 시적 긴장을 떨어뜨릴 수 있다는 것도 기억할 필요가 있다. 이 점은 시조 시인으로서 조경선의 시 세계가 앞으로 극복해야 할 과제이다.

여기서 조경선의 시가 시조라는 점을 밝히는 이유는 그의 작품이 견지하는 전통적 정서를 강조하기 위함이 아니다. 조경선의 시를 읽는 독자는 그의 시가 시조라는 것을 의식하기 어렵다. 조경선의 시는 현대 시조의 진화를 확인할 수 있는 준거가 된다. 그의 시는 시조의 형식적 조건 속에서 시조가 문명과 생태적 문제를 사유할 수 있는 현대적 장르임을 보여주고 있기 때문이다.

빗줄기에 움푹 파여
고여 있는 내 모습

둥글게 거울이 되어 햇볕을 붙잡고 있다

가만히 들여다봐도
내 얼굴 닦을 수 없어

살아온 발자국에
오늘이 흐트러진다

가라앉은 시간들 오랫동안 바라볼 때

얼굴은 깨져 있는데
그대로인 흙 거울

– 「깨진 얼굴」 전문

  생태적 삶을 생각하게 하는 시는 어떤 시인가. 자연과 외딴집이 아니라도 생태적 사유는 가능하다. 그런 점에서 「깨진 얼굴」은 좋은 시이다. 이 시의 화자는 물웅덩이에 비친 자신의 얼굴을 보고 있다. 빗줄기와 햇빛은 둥근 거울이 되어 '내 얼굴'을 비춘다. 그런데 가만히 들여다봐도 얼굴을 닦을 수 없다. 그 거울을 오랫동안 바라보면서 '나'

는 자신의 얼굴이 깨져 있음을 본다. "살아온 발자국에/오늘이 흐트러진다". 그가 바라본 흙 거울은 그의 발자국으로 인해 흔들렸던 걸까. 그는 그런 식으로 자신의 얼굴을 비춰본 적이 없었을 것이다. 비와 햇빛이 만든 자연의 거울 앞에서, 흙 거울 앞에서 자신을 오래 바라본 적이 없었을 것이다. 「깨진 거울」은 단순하고 정직하다. 이 시의 화자는 아주 우연한 순간에 자신의 존재가 자연과 분리되어 있다는 것을 깨닫는다. 인간은 흙 거울을 내려다보듯 자연을 외면하고 무시해 왔다. 그는 스스로 자신의 얼굴을 닦지 못한다. 그렇다면 '깨진 얼굴'은 결국 인간의 자기 파괴가 아닌가. 자연 속에 있으면서도 그것과 어울리지 못하(않)는 무능함의 결과가 아닌가. 흙은 인간의 영원한 안식처다. "잘난 사람 못난 사람 너에게 향해 있다//흙을 짓다 흙에 묻히는 묘비명의 고백처럼//끝없이 올라가 봐도 너에게로 돌아간다"(「흙, 흑흑」). 인간은 모두 흙으로 돌아가야 할 존재이다. 「깨진 거울」은 "흙 거울은 그대로인데" 우리가 자신의 깨어진 얼굴을 모르고 사는 건 아닌지 묻고 있다.

사라져야 산다는 말에 최대한 가벼워진다

손자국에 패이고 바람에 밀려날 때

하얗게 뼈를 드러내도 끝까지 버텨낸다

여기저기 긁혀서 흩어지는 속울음

금 갈 바에야 깨지는 오늘의 불안 앞에

후생의 알갱이들은 뭉쳐지지 않는다

나쁘다는 낙인으로 몰아붙인 미래들

바스락대는 제자리 소리조차 물렁해져

아직은 살아있는데 날마다 죽어가는
  - 「스티로폼 후생」 전문

 자연에서 분리된 것은 인간만이 아니다. 자연의 원리 안에서 모든 것은 재생되고 순환된다. 그러나 스티로폼에게는 후생(後生)이 없다. 스티로폼의 "후생의 알갱이들은 뭉쳐지지 않는"다. 스티로폼은 "나쁘다는 낙인"이 찍힌 채 살아있으면서도 날마다 죽어간다. 자연은 쓰레기를 만들지 않는다. 무한한 순환과 재생이 있을 뿐이다. 그러나 인간은 쓰레기를 만들면서도 쓰레기의 미래를 생각하지 않는다. 스티로폼의 알갱이들이 어디로 갈지는 알 수 없다. 그렇게 살아있으면서도 날마다 죽어가는 것은 얼마나 많

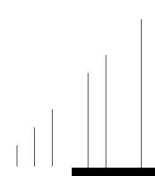

은가. 시인의 눈에는 스티로폼이 하찮은 쓰레기가 아니다. "여기저기 긁혀서 터지는 흩어지는 속울음"을 듣지 못하면 우리의 미래도 나빠질 것이 분명하기 때문이다.

조경선의 시는 인간이 나쁘다는 낙인을 찍어버린 사물들을 연민의 눈으로 바라본다. "비틀리고 물어 뜯겨 일회용이 되"어버린 뚜껑, 그러나 "누구를 연다는 건 안과 밖의 소통"(「뚜껑의 반란」)이다. 그럼에도 뚜껑을 여는 사람들은 저마다 이를 악물고 단맛을 찾는다. 인간의 이기심 때문에 자연과 사물과 공존하는 길을 잃어버렸다는 성찰은 평범한 일상의 경험에서 솟아나 더욱 빛을 발한다.

조경선의 시는 평화로운 시골과 문명의 뒷면을 정직하게 보여준다. 시골 역시 그저 평화롭고 여유롭지는 않다. 그의 화자들이 처한 고독은 문명과의 자발적인 거리두기일 때도 있지만 사람의 온기를 찾기 어려운 지방의 현실과 농촌 공동체의 붕괴를 드러내기도 한다. 마을 입구에 쓰러져 썩어가는 나무 장승은 그 단적인 예시이다. "몸은 문드러졌는데 웃음은 그대로"인 나무 장승의 모습은 농촌 공동체의 전통적 삶이 저물어가고 있음을 보여준다. "아버지의 침묵과/다시 돌아갈 수 없는 노인들의 우거진 말씀"이 '적막한 벽'이 되어버린 농촌 마을, "끝끝내 웃음 하나로 버텨 온 그들처럼/부러진 팔다리로 세상을 껴안고/한동안 사람으로 산 나무/떠나지도 못"하는(「웃으며 쓰러진 장승」) 장승은 농촌 공동체의 쇠락을 묵묵히 함께하는 중이다.

조경선 시의 화자는 농촌 공동체에 익숙하며 아버지 세대의 기억과 유산을 물려받았다. 동시에 그 공동체적 삶의 양식이 소멸하는 과정을 쓸쓸히 목격하는 중이다. 조경선 시는 그 풍요로운 유산 덕분에 문명의 눈으로 볼 수 없는 자연을 노래하는 한편 자연과 인간의 분리라는 생태적 삶의 위기에 민감하다. 그의 시는 시조의 단박함과 현대시의 문명비판적 성격을 아우른다. 그러나 이 두 가지 양상은 모순이 아니라 그의 시가 지닌 특별함이다.

　그의 화자는 이제 뒷짐을 진 아버지의 뒷모습을 이해할 나이가 되었다. 노년의 아버지가 "짐을 벗은 자리". 자신도 어느새 그 길을 말없이 닮아가고 있다(「뒷짐」). 그 자리는 무엇을 더 하겠다는 의지나 욕망을 내려놓은 자리이다. 무거운 짐을 벗어던지고 가벼운 마음으로 저절로 고요해지는 자리. 그는 마음의 고요가 자신의 예술로 가는 길임을 알고 있다. 사라져버릴 운명의 눈사람을 보며 "한 번쯤 사람으로/살았으면/됐지 뭐"(「눈사람」) 하고 말할 수 있는 달관의 자세를 유지할 수 있는 것도 그 때문이 아닐까. 그가 사는 외딴집의 신주소는 "새들로 꽃들로"라고 한다. 그 이름에 어울리게 그곳에는 "부르지도 않았는데/새들은 찾아오고//뿌리지도 않았는데/텅 빈 집에 올라온 꽃"이 있어 날마다 충만하다(「새들로 꽃들로」). 시인의 마음은 '새들로 꽃들로' 같은 길이 우리가 사는 세상으로 이어지길 바라고 있다. 그의 시는 이제 형식과 내용에서 자연스러움이

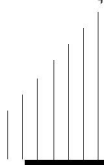

묻어난다. 고요한 마음으로 자신의 나무를 발견하는 훌륭한 목수와 같이 조경선의 시도 그런 고요에 머물기를 바란다.

시인수첩 시인선 088
어때요 이런 고요

ⓒ 조경선, 2024

초판 1쇄 발행 2024년 8월 8일
초판 2쇄 발행 2024년 9월 9일

지은이 | 조경선
발행인 | 이인철

펴낸곳 | (주)여우난골
주   소 | 서울특별시 강남구 언주로30길 27. 606호 (도곡동 우성리빙텔)
전   화 | 02-572-9898
팩   스 | 0504-981-9898
등   록 | 2020년 11월 19일 제2020-000328호

블로그 | blog.naver.com/seenote
이메일 | poetmemo@naver.com

ISBN 979-11-92651-28-6 03810

* 파본은 구매처에서 바꾸어 드립니다.

* 이 시집은 2024년 경기도, 경기문화재단의 *지원*을 받아 발간되었습니다.